Bara Tankar II

Peter Porss

Bara Tankar II

Högst personliga betraktelser och existentiella funderingar från landet mitt emellan i en slags poesiform

Tidigare utgivning:

Bara Tankar I (2019)

baratankar.se

© *2020 Peter Porss*
Förlag: BoD – Books on Demand, Stockholm, Sverige
Tryck: BoD – Books on Demand, Norderstedt,
Tyskland
ISBN: 978-91-7851-262-1

Min tur

- Nu är det din tur!

Nyvaken och rädd fann jag mig och på obeträtt
territorium utslängd
Jag rörde inte en min men avslöjade ändå allt som
vanligt
Kroppen lika tafatt och tanken, ja tanken var naturligtvis
översvämmad från alla håll
Och min enda boj hade snart spelat ut sin roll

Jag ville ju bara ut och göra ingenting
Se mig omkring, flanera runt och så
Inte ha något uppdrag eller en mission att utföra
Slippa allt sånt för ett tag
Skulle det behöva bli så förbannat märkligt

Tydligen

Utställd som inför försäljning paraderade jag fram till
scenkanten
De noterade i sina block varje rörelse eller snarare varje
frånvaro av rätta knyckningar i mina leder
Jag hann stå där en stund och se mina dömare innan jag
blev bortvisad från scenen
Kände inte igen någon av dem

Ja, kanske det var min tur

Låtsastillvaro

Fann mig vandrandes runt i låtsastillvaron en alltför lång
stund
Det viktigare existerade inte
I alla fall inte mitt viktigare

Det var förödande lätt att följa de färdigt uppgjorda
mönstren och stegen
Dock inte mina
Sinnet blev slött, aldrig utmanat till sin spets

I min ensamhet fanns många drömmar och mycken
längtan
Men de kunde aldrig ta plats i låtsastillvaron
De sipprade dock långsamt, långsamt ut i andra former

Även till låtsastillvaron

Livets skull

Det fanns en väg jag tog för länge sedan, för mig själv
Min väg hem var det

Men var den fanns fördoldes förledandes
För världen kring styrde mig åt annat håll - hela tiden

Jag var dock där emellanåt, för eftervärldens skull

För min och livets skull

Välunderrättad

V älunderrättad var jag verkligen inte
I alla fall enligt de omutbara

De andra av mäktigare sort höll naturligtvis inte med,
men de opererade ju utefter knapphändiga instruktioner

Det svåra och viktiga var ju att säkerställa en slags sann
eller funktionabel vetskap att relatera till. För grunden
för krafterna för det ena, det andra och det tredje var
nedlagd för miljarder år sedan medans tolkningen av
dem för blott någon generation sedan, med
efterverkningar från lite längre tillbaka. Inte att
förglömma den förledande perceptionen av nuet också,
då.

(Jag - en biologisk varelse av kött och blod, det sista
ledet än så länge av massor av miljontals generationer
sedan livets uppkomst)
Behövde det vara en parentes där? De flesta tänker ju
inte så eller förstår det så. Ok det blir en annan skrivelse,
en viktig en, då.

Var var jag? Jo
Välunderrättad var jag, trodde jag

Och det blev därefter
För ett tag

Grund

Jag hade hållit mig undan rätt länge
Avhållit mig, undvikit, avstått, till och med slingrat mig
Till slut hamnade allt och jag på grund igen
På grund av mig till och med lite ordvitsigt och till
största delen sant dessutom
Jag styrde ju
Fast med otätt skrov, spruckna segel, slitet roder och
vilset sjökort
Nåja, det mesta kunde jag ju fixa till men bra kartblad
var svåra att finna
Men i alla fall, jag kom nu inte loss

Visst kunde jag vänta på att följderna av nästa seismiska
aktivitet skulle röja av mig från grundet
Men jag ville inte åter bli skövlad och röjd bara för att
bli fri grundet
Utgiften därefter var alltför hög. Likaså avgiften tillbaka
Jag ville med egen hand och tanke lossgöra mig för det
fortsatta
Det nya fortsatta det till och med kunde bli. Denna gång
skulle skeendet gå något skyndsammare om allt skulle
bli av
Tanken fanns också att kartan över vattnen kunde
korrigeras

Jag ville inte gå på grund på grund av mig igen

Nått håll

Ja, som sagt, så hade jag hållit mig på avstånd ett
präktigt tag, kanske även tidsmässigt
Pytsade dock någorlunda regelbundet ut små notiser,
deklarationer, ja nästan kungörelser om var jag befann
mig och behövde
Tills slut behövde jag dock även redogöra för ombuden
vad jag var för någonting som blänkte till därborta
emellanåt. En figurant kanske? - undrade någon

Inget annat hände

På avstånd var det vanskligt svårt att avgöra hur
informationen skulle formeras, vilka sinnesintryck som
skulle väckas och retas
Innehållet var självklar sedan länge och väldigt basal och
enkel, som det viktiga ju är
Formen och dess varianter var det besvärligare med
De var ju så lätt bortlurade av alla möjlig krafter så
dessas förmedlingskraft blev inkonsekvent och äktheten
kunde aldrig säkerställas
Så jag försökte med lite olika framställningar
Men de funkade knappt
Lekstugan var för ockuperad av de högst ljudande och
gnällande

Så jag begav mig av därifrån åt nått håll

Se mig omkring

Ofta fann jag mig på morgonen uppslängd på reven

Inte beroende på vad som hände om natten utan på
grund av det som alltid förmodades hända på dagen

Det som hände om natten medförde en slags eufori,
oavsett upplevelse och känsla
För det verkade vara på riktigt, mer verkligt och sant
Medan dagen verkade vara utformat som var det ett
slags sinnrikt urlakningsredskap med mardrömslika
spektakel

Kanske var det en balansering av natten eller en
betalning för den
Men det trodde inte jag
En del gjorde det och dom blev aldrig riktigt fria
Det var något annat

Denna gång lät jag skrovet vara och vadade in mot
träsklandet
Tänkte istället se mig omkring ett tag

Utestängd

Det fanns bara aggressioner kvar
Alla möjliga utbrott mot allt

Det var ju naturligtvis förståeligt, om man tänkte efter
Instängdhet oavsett orsak renderar ju i detta

Jag lät det vara så ett tag
Tufft
Men hanterligt denna gång

Det var något jag var utestängd ifrån, egentligen
Men vad?

Aldrig fel

Jag gjorde aldrig fel.
Allt jag gjorde var rätt, ju.
I alla fall utifrån det perspektivet jag var
tvungen att ta och ha.
Och därifrån jag agerade och befann mig var ju aldrig
något alternativ ens existensbar.

Så jag förde konstant varje siffra till rätt kolumn,
summerade ivrigt, dividerade ibland. Tabellerna och
diagrammen täckte väggarna.
Ekvationer och formler utvecklades och tog form.
Det hela såg komplicerat ut men var klart och entydigt.

Jag gjorde ju aldrig fel.

Det jag inte såg var den stora formeln.
Och hade derivatan i min livsekvation varit konstant
hade det varit mer hanterbart men nu råkade formeln
vara exponentiell och derivatan fördubblades för varje
steg jag tog.
Så naturligtvis hamnade jag väldigt galet.

Men jag gjorde ju aldrig fel.

Lyckligtvis så visade det sig att livet inte är någon
ekvation.

12

Det är något annat.

Där hade jag gjort ett fel redan i ansatsen.
Tog ett kliv ner, chockfullt inseende.

Det stämde ju inte. Jag kunde ha fel.

Nåväl, jag var ju ändå förr eller senare nödgad att ta mig härifrån, tvungen att klättra ner från tornet, vandra ner i dalen, genom skogarna, ta mig över kullarna, ända bort till ... ja, bort till horisonten.
Det var dit jag behövde gå och ville till egentligen.

Jag slet min blick från siffrorna och tabellerna och började muttrandes gå ner för den vindlande branta trappan.

-Jag kan ha fel, jag kan ha fel, jag kan ... ekade det tyst i trapptornet långt efter min abdiktion.

Passagen

Att befinna mig var aldrig problematiskt, förutom då
från var enda utvägen

Inte att redan befinna mig på väg heller
Det var oftast euforiskt pirrigt

Det var passagen mellan här och där som verkade trång
och skrämmande
Eller ögonblicket strax innan och kanske mer
antagandet om den

Att ändra eller byta given vistelse var vanskligt då den
enda redan var given
Speciellt om skälen endast var mina
Men jag hade i hemlighet sedan länge tagit mig dit och
hit igen och passerat

Ravinens botten 1000 meter nedanför eller klippans
slippriga branthet avskräckte inte denna gång

Jag klättrade vidare

14

Världen vände

Efter att ha vandrat en dryg väg från, så la jag märke till att det vanliga och kända hade började klinga av. Inte allt, men det slag av tryckande känsla av jagande och förföljelse, som jag visserligen med lätthet lurade bort men som alltid vilsedrev mig. Nu behövde jag inte ta till de irrknepen längre.

Det var lätt och jag på något sätt flöt fram längs med vägen. Bara uppfylld av sinnesintrycken där och då. Och tomt på allt annat som tidigare tryckt och trängt mig.

Efter ytterligare ett tag så började dock den tomheten att fyllas. Den lite plötsligt erhållna friheten lockade fram en massa annat jag inte var beredd på än. Jag visste att jag borde göra något.

Jag ökade takten för att hinna fram till horisonten innan världen vände, återigen.

Fästningen

A llt jag företedde mig blev förbrytelser. Utpekelser och skvaller följde mig oavsett vilket håll jag begav mig eller vilken rörelse jag företog mig. Aldrig såg jag något lä eller skydd, inte heller bara tillfälligt.

Fästningen jag byggde blev naturligtvis därefter.

Murarna var dussinet meter tjocka. De bastanta tornen var inte bara där för att ständigt ögna och granska vyn efter hot. Det var några andra funktionaliteter också som jag inte kan skriva om här. Mannarnas inkvartering och vapenarsenalen får jag heller inte skvallra om. Inte om det andra heller. Nå, de djupa hålorna i berget hade blivit naturliga utrymmen för förvar av föda och inkräktare. Vattnet som flödade ner längs med bergssidan, borgens ryggrad, samlade sig till en smärre bäck som vattnade nödfödan varefter den ringlade sig över fästningens innergård, ner i vallgraven för senare fors mot dalbottnen. Färskvattnet togs dock från djupa källor djupt inne i berget.

Fästets första våning, i direkt anslutning till innergården, bestod av irrledande passager med förrädande valvgångar och ledde ner i hålorna. Detta i händelse av att någon smet förbi oanmäld och obetraktad. Sådana kryp skulle ju naturligtvis välja enkla vägar för att snabbt hamna ur siktet. Men i hålorna hamnade de. Men jag hade väl egentligen tappat kontrollen över fästningens hela översiktsplan för länge sedan. Det var andra krafter som hade tagit det kommandot och byggt till det ena och det andra.

Jag befann mig gärna i de stora salarna en våning upp för möten med förbipasserande sällskap och ensamma vandrare. Dock var fredligt främmande alltmer sällsynt och besökare kom oftast bara till gårdsplan innan de avhystes.

Så såg det ut.
Tror jag.

En efter en

Hade behövt något beständigt att hålla i eller i alla fall
för att försöka kunna förhålla mig till
Visste att jag inte kunde skaffa mig det där inne
Men det fanns ingen annan plats än där inne
Där ute var inte ens inritad på kartan

Jag skapade dock en massa fantasiute för de borde ju
finnas, måste ju finnas, tänkte jag eller önskade
Men de existerade bara för mig
Om de ens kunde sägas existera
Delade dem ju aldrig med någon
De förblev sköra chimärer

Dörrarna var förvirrande lika
Inte riktigt som jag fantiserat om
Men jag öppnade dem en efter en efter en tills ...

Sjönk ihop

Giftet hade antagligen börjat verka
Hur det skulle manipulera mig var jag inte klar över
Hade bara en känsla av konstant ökad yrsel och
vilsenhet och sedan inget alls

Medan jag marscherade och fogade mig med de övriga
funkade det ok, men jag visste aldrig var vi befann oss
eller vad vi gjorde eller vitsen med situationen
Det var inte nog, fann jag mig själv yra så jag stack
Var ju tillräckligt omtöcknad för att våga det

Efter att jag deserterat var jag tvungen att hålla mig i
ständig rörelse för att hålla ett slags status quo i den
tillfälliga tillvaron och lura kroppen att jag fortfarande
marscherade med, att jag fortfarande var en fogling

För ett tag funkade det

Där var jag med giftet spridd i min kropp och själ
Oförmögen att värja den antagligen annalkande
förintelsen, som jag trodde kom, och faktiskt nästan
längtade efter

Men den kom aldrig lyckades jag notera innan jag till
slut sjönk ihop av utmattning

Minst en dag till

Fri för ett kort ögonblick

Naturligtvis strax infångad
Prydligt och med besked denna gång
Var lättad men åter förintad
Drömmen pågick fortfarande
För det var väl en dröm
Så hade de sagt

Jag vaknade upp fullständigt eller var det tvärtom
Hjärnan registrerade dock visuell kontakt
Jag blundade och öppnade igen
Ja, ok
Snabbt trotsade jag kroppens slöhet och hjärnans försök
att fly
Löpte upp till krönet och såg solen stiga upp
Ja, det finns en dag till åtminstone, tänkte jag för mig
själv

Minst en dag till

Tillbaka i tiden

Märkligt.

Ju längre bort jag blickade dessto längre tillbaka i tiden
fann jag mig hamna.

Visste ju att på en fysikalisk makronivå så tedde sig
universum så. Stjärnorna befinner sig inte i sitt egna nu när mitt nu
betraktar dem. Vi ser bara det som hänt, passerat,
förflytt. Till och med vår närmsta stjärna, solen, kanske
inte finns i sitt nu precis nu för oss. Kan ju ha
exploderat. Vi kan vänta några minuter och se om det är
så. Men antagligen inte.

Min vy vidgades mer och mer och längre tillbaka i tiden,
min tid. Jag såg till slut mig själv krypa omkring som barn på
golvet hemma. Nyfiket upptäckandes världen och
väntandes på dagen då balansen och koordinationen lät
mig stå upp på bara benen, för att kunna blicka ännu
längre bort.

Men det skulle inte bli tillbaka i tiden.

Tusen vägar och ett håll

Om jag vred mig om en aning så kunde jag se många fler håll att gå åt.
Gjorde inte så ofta det.
Hade jag vridit mig ännu mer och runt om hade jag sett alla möjliga håll att gå åt.
Till och med alla omöjliga håll.

Min vy var vanemässigt begränsad men inte av det mina ögon var fixerade på eller den speciella riktningen utan av den fruktan i det jag befarade skulle hända om jag släppte det med blicken. Rädd för att inte ha något att ankra min blick i och tappa balansen innan jag bestämt nytt håll.
Och då var det inte bra med många håll.
Jag var inte medveten om allt detta och min trygghet låg fast instängd i och bestämdes av det redan kända.

Fick då heller aldrig chansen att upptäcka de håll som sällan kunde synas vid ensidig uppmärksamhet. Dessa var kanske inte regelrätta håll utan mer perspektiv, aspekter men allra viktigast, grundade i andra motiv.

Klart att jag blev förvånad då mitt huvud allt oftare började vridas fram och tillbaka vid tillfällen och innan jag ens var medveten om det och kunde göra något åt det.

Jag fick syn på allt möjligt och märkligt och nytt.
En del slog klang i djupa stråk, annat väckte annat,
mycket var obegripligt.

Jag fann mig till slut vrida mig fullständigt om.
Helt om.
Och mer därtill.
Till slut såg jag tusen vägar men märkligt nog kanske
bara ett håll.

Läsa på

Ska man vara radikal förutom i sitt privata egotänkande
så är det för livets skull också, i stort
Mycket, mycket stort

Liv föder liv
Liv äter liv
Liv i ständig intrikat symbiotisk balans, punkt slut

Balans
Ända till människan dök upp ... kanske

Ja, det är bara att läsa på och förstå

Men i och för sig är vi ett av de få, så vitt vi vet, uttryck
för materiens potential till reflektion
Vi, människan, du och jag, universa i kosmos som kan
betrakta sig självt, lite mer medvetet och förutseende

Lite skrämmande och mycket kittlande skrämmande
egentligen
Ja, det är bara att läsa på och tänka

Sluten

Jag var inte i stånd att besöka det förflutna
Eller ens tänka på det
Kapabel var jag, till viss del
Hade gjort det vid tillfälle förut i alla fall

Jag var ju knappt ens förmögen att befinna mig där jag
var, då
Kunde knappt skilja på något av det som hände och
skedde runt om och i min kropp
Till och med de basala instinkterna var ofungerande
eller kanske mer förlamade, och satta ur spel

Jag var där då, där jag knappt befann mig, utan några
som helst koncept att alls ordna bland uppkomna och
inkomna impulser och stimuli

Helt utesluten
Helt innesluten

Morgonfundering

Frihet
visste jag inte så mycket om.
Trodde att det bara var att göra sig av med det besvärande så skulle livet kunna levas ledigt.
Men minus minus blir inte automatiskt plus i människans värld, bara i realiteten.
Det lärde jag mig efter ett tag.

Om det *bara* handlade om att känna sig fri så kunde säkert någon ny app kunna lösa det, i alla fall tillfälligt. Men jag ville inte bara känna mig fri utan vara fri också. Kanske det inte var någon skillnad, men visst kunde jag föreställa mig att jag kunde vara fri men känna mig ofri.

Fysisk frihet var något lättare att förstå.
Om utgången är låst så är man ju i alla fall inte kroppsligen fri att kunna gå ut.
Men om nu dörren ändå står öppen för passage, fritt, så fixar vi säkert till egna små hinder och krummelurer både här och där som begränsar såväl in- som

26

utrymmet.

Frihet var ju då inte nödvändigtvis detsamma som icke närvaro av ofrihet i den köttsliga bemärkelsen.

Om nu frånvaro av det negativa inte automatiskt innebär närvaro av det positiva, hur skulle jag då kunna räkna ut nästa steg, mumlade jag irriterat för mig själv medan jag skrev klart den sista meningen, kollade mail och annan status, släckte ner datorn, packade min ryggsäck med kaffe och mackor, kopplade på min 21-växlade mountainbike på bilens dragkrok och körde ut till skogstjärnen för att där cykla vidare längs med skogsvägarna.

Väl härute hade jag glömt frågan.
Här var vackert!

Det som är och finns

Jag skaffade mig ofta hastat undan det som hände och
dök upp
Stod sällan kvar i det som var och fanns
Flydde raskt, alltid med ett följe av instinktivt jagande,
kvarlämnande endast ett tomt hölje, en ytlig gest

Flykt kallar ju alltid fram förföljare och hade jag stannat
upp och vänt mig om hade jag kanske sett att det mest
var följeslagare med
Men en flyende har inte det valet

Undkommandet hade lyckats väl och till slut fann jag
mig även vara kvitt mina jagande, inte bara det som
hände i det som var och det som dök upp i det som
fanns
Jag var äntligen för mig själv, men ensam
Vilse kanske men inte vilsen
Hade befunnit mig i situationen tidigare
Fri var jag naturligtvis inte för de skulle alla visa sig om
ett tag
De jagande

Men just då, precis i det ögonblicket upplevde jag mig
lösgjord och avbördad
Det räckte för mig

Snart bröts stillheten av knäckta grenar och trampande
stövlar

Men jag hade redan börjat återfärden
Till det som är och finns

28

Egen bild

Jag önskade att jag hade blivit förd bakom det där ljuset.
Då kunde jag ha fått syn på den som höll i lampan som
bländade
Men jag levde mest med ryggen åt, i skuggornas värld.
Där silhuetterna och formeringarna på grottans vägg
knappt höll mig vaken längre
Drömmen om det verkliga övergick sakta i en svartvit
sprattelföreställning utan paus
Jag lyckade dock smita ut, men djupt präglad och fylld
av oförenligheter

I mörkret famlade jag fram och kring. Nöjd med att
slippa förblindad andrahandsinformation
Steg dock långsamt men framåt
Efter ett tag hade jag försiktigt beträtt varje tillgänglig
yta vid flera tillfällen, kunde terrängen utan och innan
och såg hela landskapet framför mig, i mitt inre
Eller var det det yttre verkliga jag såg?

Strunt samma
Det var i alla fall min egen bild

Inlighet

Jag skulle kunna ha lytt hela mitt liv
Varit helt i undergivandets tjänst
Den perfekta soldaten, den utmärkta uppassaren, den
tåliga drängen
Varje cell i min kropp skulle kunna ha varit underkastad
en förintande disciplin och allas intryck skulle kunna ha
haft totalt fritt tillträde med en oinskränkt passersedel
rakt in
Jag skulle kunna ha varit så präglad av ytlighetens
fasoner att minsta vink skulle ha skickat mig vart som
helst, men med sukt efter inlighet

Men så var det inte
Jag kunde tänka ut mina vägar själv
Fast, ytterligt längtandes efter inlighet

Det osagda

Det osagda lyser alltid igenom
Klart det måste vara så
Vad skulle det sagda annars bilda relief mot
Det kanske inte uppfattas, märks eller bara tas förgivet
Men det är mot det som det sagda kan få något innehåll
Fritt svävande ord kan inte existera

Om det inte sägs någonting
Eller sägs för mycket
Lyser det osagda oändligt mycket respektive inget alls
då?
Eller hur funkar det?
Och om ingen lyssnar eller hör på, sägs det något alls?

Ja, sånt här mumlade jag tyst för mig själv medan det
osagda lyste upp stigen framför mig ledandes uppför
vulkanens sluttning

Lust

Visst var det så att många, kanske de flesta, strävade
bara efter lustens principer
I alla fall de som inte behövde kämpa direkt för livet
Men min iakttagelse var att de flesta av dessa strävade
efter att komma undan olusten med lustens dogmer och
löften som täckmantel

-Skaffa dig, köp dig, befria dig ... fri, ekade det dämpat i
pelarvalven
Det hade slaven gärna sig önskat, i alla fall till
överkomlig köpeskilling och pris

Att befria sig från olust innebär ju inte nödvändigtvis att
lusten hoppar runt framför dig
Och att bara lusta sig bort är ju en temporär handling
Allt detta kanske blir en lättnad men här börjar det
egentligen, det egentliga, vägen till ja vad du nu kallar
det

Fast jag har lust ...

Utan mask

Jag började bära med mig kopior istället när jag begav
mig ut. Orginalen riskerade annars att slitas ut på grund
av det ökade visandet. De godtogs först inte men
efterhand så lät de det passera

Patrullerandet hade med tiden smygande ökat i frekvens.
Det hade till och med börjat sättas in nya avdelningar,
till och med specialister, täckandes alla möjliga områden.
Det var då jag började hålla mig borta eller förrädiskt
maskera mig

Vakumet var ganska tufft att fylla och förstå efteråt.
Allt ute och inne hade blivit så tilltrasslat främmande att
det tog flera varv att bara stabilisera balansen

Men där stod jag så småningom
Ute och utan mask

Steget

Det var inte bara jag som rörde mig i det
skumraska dunklet en del antingen kallade
början på dagen, andra början på natten.
Tiden då ljus ska fördriva mörker eller mörker
ska maskera ljus
De hade också börjat dyka upp först lite sporadiskt
sällan men sedan allt mer ofta
Det började bli trångt

Jag hade fört mig dit mest för att reda ut var skarven
gick mellan mörkret och ljuset och ljus och mörker.
Det var ju lönlöst
Men landet i väntan fängslade mig och jag kom inte loss.
Till slut var jag ändå tvungen att ta mig bort ur
ingemanslandet men visste inte om det var dag eller natt
som följde
Risken var hälften att jag försvann ur tidens horisont för
alltid om jag klev ut fel
Men jag kunde varken förställa mig eller gömma mig
längre

Så jag tog ändå steget

Det sanna

Jag var fullständigt obekant med vad som egentligen
hände och skedde runt om
Tänkte väl också att här hade jag ingen och fick ingen,
plats
Intrycken som nådde mitt medvetande var redan så
förvanskade och förljugna att de varje gång bekräftade
sig själva och det värsta
Och det blev det sanna

Undvikandet och ensligheten blev den befriande
passagen. Som ett öde och övergivet väntrum där
världen hade slutat
Mitt tillstånd var upphakat i en slags läge - mellan. Men
mellan vad hade jag ingen aning om eller ens tänkt på,
men kanske mellan det förvanskade och det förljugna,
för det var ju min värld
Den sanna

Och tomheten var total men proppfull av annat
Det sanna

Tänkande var det väl egentligen inget större fel på trots
allt. Men vad hjälper det utan vittnesmål från utsidan.
Det var också det som oinbjudet slet sig in i funderandet
och trängde ut riktiga aningar som distraherade

Men det sannas riktighet var i alla fall under någorlunda
lupp och koll

Inget nytt

Återvände efter ett tag

Det mesta såg likadant ut
Något var väl ändrat
Men allt var nytt

Många la märke till mig, men ingen såg mig
De flesta hälsade, en del sa något, men sparsamt med
relaterande
En del var nyfikna, men ingen frågade
Men det var inget nytt

Det där spännande

Inte spelade det någon roll att jag hade skarpa ögon,
eftersom jag inte visste hur jag skulle använda dem eller
alls förstod vartåt jag skulle rikta dem
Även om allt detta hade fungerat väl så hade jag nog
inte begripit något av det som hjärnan valde ut av det
som ögonen registrerade
Att jag ofta blundade spelade då ingen större roll för
min tillvaro
Inte alls så där spännande

Jag reagerade också bara på det som egentligen aldrig
kom att hända. Min reflex var betingad på skeva
återsken av skuggornas hägring. Det såg jag minsann.
Men om det mot förmodan ändå hände så hände det
aldrig för mig, för jag var redan bortreflekterad.
Inte alls så där spännande

Oasens palm svalkade mig när jag i min pilgrim
stannade upp för en vila ett slag
Jag hoppades mig vid framkomsten kunna bemästra
seendet för att kunna agera så att det hände
Allt det där spännande

Den enda

Jag var mer ensam själv än ensam tillsammans med
andra
Det var inte så mycket ett val utan oundvikligt
När jag krossades kunde jag inte skylla på någon annan
Tog då heller aldrig del av livet, på riktigt
Upplevde inte mig så viktig nog att egentligen få en del i
livet och jag fann mig inte någonstans vart jag än var
Det krävdes något mer reflexivt för att jag skulle kunna
finna mig
Och det gick ju inte att fixa själv och definitivt inte
ensam

Skuggorna slukades långsamt av mörkret
Natt
Drömmen
Den enda ledtråden jag hade

Mig själv

Jag gillade inte att stå där på scenen, själv, inför
ett fullsatta auditorium
Men jag älskade det på ett förödande sätt
Min kropp och mitt sinne var definitivt inte överens
men övertygade
Om eller över vad visste jag inte

Det började dock bli trist att ständigt åskådliggöra dessa
spektakel
Att slentrianmässigt upprepa de avkunnade replikerna,
att vandra fram och åter i strikt och färdig koreografi, att
vackert fjäska för applåderna
Detta blev mer och mer ett gissel
Hade gärna gjort några uruppföranden och kanske
skrivit något själv och då inte bara monologer
Men mitt kontrakt sa annat
Sa dom i alla fall
Hade inte fått se det nedskrivet, dock

Jag återvände till min loge
Sjönk trött ner i soffan och smuttade på den redan
öppnade champagnen
Somnade strax och dialogen började ta form
En dröm om en konversation - vilken jag bävade inför
Ett samtal - med mig själv

39

Ett steg till

Trodde mig kunna förstå och avbilda världen korrekt
och precist
Alla formuleringar och formler var väl bearbetade,
penseldragen minutiöst bestrykta, kartorna perfekt
skildrande

Hela min tillvaro var inriktad på detta och min tillit låg
framför denna avbilds altare redo att krossas eller
upphöjas

Jag vandrade in genom porten, redo att ögonblickligen
förintas, om den inte stämde

Inget hände

Allt såg dock märkligt annorlunda ut
Men inget hände

Jag tog ett steg till och en lättnad for igenom kroppen
-Det var något mer med det hela, tänkte jag och tog ett
steg till
-Detta får jag kolla upp

Men åter

Var tvungen att stanna ett tag
Stoppa upp och låta skuggan omfamna mig återigen
Hade dock en riktning klar så det skulle inte bli några
problem och trådarna löpte dessutom inom räckhåll

Men det var inte så enkelt
Visserligen hade jag märkligt nog skaffat mod att traska
runt i det glömda och ignorerade men dunkelt seende i
mörker förvirrar ibland

Jag tittade ändå in
In i ett par ögon
Tittarens ögon
Mörkt, högt, bottenlöst

Jag svindlade, svävandes - högt under - allt
Virvlade fram och åter i strömmen - chanslös till annat

Tillbaka kom jag - sjönk ner
Trött - kraftlös
Men åter

Under stjärnorna

Jag hade passerat mycket och uppenbarat mig
Ofta väldigt kryckaktigt
Men denna dag haltade jag verkligen fram

Fick ta sådant stöd som var mig tillgängligt nästan bara
för att resa mig upp
Kanske berodde detta på mitt inte tillfälliga besök i de
fundamentala krafternas universum och försöken där att
stå rak
Jag tror det, för en övergång av det slaget görs inte
obeivrat och utan påföljd
Men det var ju en slags träningsvärk eller en växtvärk,
livets sätt att hamna i samklang
Gravitationen hade bara gjort sitt jobb, stabiliserat mina
fötter mot jorden så att jag skulle kunna resa mig upp
mot skyn

Så jag haltade vidare
Under stjärnorna

Väldigt fjärran

Jag kunde naturligtvis inte skaffa mig något jag behövde,
önskade eller kände lust till
Tillvaron var redan tillrättalagd och inskränkt infållad
Nödtorft i form av proviant och logi var det ingen brist
på, snarare alltför flödigt och dådigt över och
avtrubbande
Uppgifterna var också så bedövande att det inte gick
annat än att marchera med
Fjärran var jag från det som var något eller kunde bli
något

Natt och dag
Dag och natt
Vem visste om dessa fenomen existerade annat än som
fantasiord och ett sätt att strukturera verksamheten i
lägret?
Inte jag

Så pågick det ett bra tag medan drömmen om det jag
behövde, önskade eller kände lust till sakta började
upplösas i töcknet som omgärdade mig
Väldigt fjärran var jag från det som var något eller
kunde bli något

Att de fanns

Tänkte aldrig på att jag hade en bra vy där upp på
avsatsen
Visserligen bara två, tre fot bred och kvickt
avsmalnande på båda sidor, belägen strax ovanför
mitten mellan klippans bott och topp
Men där gick att stanna upp för samling och vila och
framför allt orientering
Bergen längre fram och på andra sidan dalen var
betydligt lägre så blick fick jag över ett betydande
område
Och väntade man ut molnen så avslöjades allt under och
nedanför, på ravinens botten

Så den gången fick jag i relativ ro syn på och noterade
flera hängbroar väster om min position och i höjd med
molnens vilopunkt - broar till andra sidan
- Inte underligt att jag aldrig har fått syn på dem, tänkte
jag

Jag avbröt strax mitt uppehåll samtidigt som molnen tog
upp sitt värv och dolde allt igen

Men det gjorde ingenting

Jag visste nu att de fanns och var de var

Förlorade ögonblick

Det var egentligen inte meningslöshet som uppenbarade
sig
I allt finns en slags mening men kanske inte uppenbarad
och hela tiden dold i vana, oönskad eller önskad, men
sällan förstådd

Det var en tomhet och förödande vilsenhet
Kanske
Eller en ensamhet med total framtidslöshet

Dagarna var i alla fall tomma och nätterna förödande
och i min ensamhet förflöt framtidslösheten

Hade också skäl att tro att allt egentligen var
framtidslöst och till och med meningslöst
Men då hade jag ingen översikt eller inblick och
definitivt ingen förankrad insikt

Men många stunder och ögonblick var redan förlorade

Inlåst

Allting var riggat när jag stängde och låste dörren

Instrumenten, de strängförsedda, stod stämda och
lutade mot soffan i hörnet alldelse vid pianot
Staffliet med tom duk och färdigblandade färger var
redo jämte penselstället till vänster framför
panoramafönstret
Det rutade blocket med några ströformler och
ekvationer testskrivna låg jämte kalkylatorn på ekbordet
i mitten av rummet
Skrivboken låg på bordet jämte staffliet, klar och redo

Jag satt dock i min fåtölj och ögnade över mitt bibliotek,
överväldigad
- Nä, en annan dag, tänkte jag och låste upp dörren och
gick ut

Om jag vill

Jag trodde ett tag att allt hade med mig att göra och att
allt hade en slags yttre mening
Minsta knarr utanför dörren fick mig att darra till
Varje knyst omvärlden avgav måste ha en betydelse och
riktad mot mig

Minns mig som barn gå ner för källartrappan hojtandes
- Här kommer jag och några till
Hoppandes att formeln skulle skrämma bort det som
skrämde då

Hoppar fortfarande till när det ringer, på dörren eller
telefonen
Fast av andra anledningar, eller kanske inte
Det har vart stängt och tyst ett bra tag nu

Kanske borde öppna kanalerna för allt har med mig att
göra, om jag vill

Där var livet

Jag var tvungen att bege mig - dit, insåg jag och suckade
Det fanns inga rundvägar längre och världen krympte

Tanken om något brukar ofta vara mer skrämmande än
det fysiska mötet med detta något, sägs det
Och det kan ju kanske stämma
I alla fall verkar den fysiska verkligheten lättbemästrad
och hanterbar, så länge inte... så länge inte andra var
involverade
Andra var dock skrämmande involverade och insnärjda i
allt och överallt upplevde jag i min isolerade ensamhet
Men som sagt så var jag tvungen att bege mig - dit

Det visade sig att det skrämmande inte alls var det jag
trodde eller var rädd för skulle ske
Det var uppenbarelsen av allt jag längtade efter och
drömde om
Det var intensiteten i upplevelsen av att detta kunde bli
verklighet, som skrämde mig
En explosiv energi som riskerade att blåsa bort och
rasera allt jag klängde och klamrade mig fast vid, allt jag
ditills visste

Men jag var tvungen att bege mig - dit
Där var livet

Bekymrad

Gravitationsfältet - rummet i sig - hade fluktuerat
slumpmässigt, länge
Tillvaron gick då inte längre att förutsäga och var den
befann sig nästa dag visste ingen och heller inte vilka
förhållanden som skulle råda mellan krafterna
Livets fas var kanske snart över
Om detta fortsatte

Biologiska kroppar och deras utveckling och anpassning
kräver en slags lång långsiktig stabilitet, för deras jobb är
att relatera till världen - rummet - läsa av den, förflytta
sig i den, reagera och agera i den
Och en sådan anpassning kräver att vissa parametrar är
konstanta

Någon, eller till och med några försökte tänka sig bort
från rummet och låtsas om som om den inte var viktig,
andra till och med hyste en uppfattning om att rummet
bara var en illusion
Det kanske den var

Men det var inte livets uppfattning

Den var bekymrad

Begynnande hem

D et fanns ju då aldrig någon plats jag hann kalla
för hem
Allt var bara en tillflykt, ett tillfälligt härgärge
för nödtorften. Något liv i livets bemärkelse var det
aldrig tal om.
Mer i dödens

Trots ständig förflyttelse så samlade jag på mig allt
tänkbart och möjligt från här och var runtom
Kuskandet från plats till ställe blev då mer och mer
bråkigt och besvärligt så där blev jag fast till slut och
omgärdad och omsluten av allt jag hade släpat med från
här och var

Tiden förflöt slött ett tag men jag satte sedan igång det
nödvändiga
Uppröjningen och rensningen gick i och för sig lätt när
jag väl hade kommit i gång

Det var allt som kom fram och upp, som låg emellan
och under, som bromsade till det hela dock. Töcknet
efter de smått giftga ångorna och allt det andra dröjde
sig också kvar antastande länge och gjorde mig yr

Det tog den tiden det tog och till slut var jag klar och
sikten var nu inte heller längre så dold
Men jag kunde inte kalla denna plats för hem bara för
att jag fann tid till och tillfälle för det
Jag började bege mig utan den flyendes sinne och med
endast det nödvändiga

Och med ett begynnande hem - inom

Sista föreställningen

Jag sprang runt och försökte stötta upp alla repens fästen
Vissa släggade jag ned andra fick nya och djupare hål med spettet

- Det fick duga, jag hann inte mer
Tälttaket skevt och med buktande duk, visserligen, men det varken regnade eller blåste denna afton
Jag rusade in, bytte om och väntade spänt på presentationen

- Visst ja, tänkte jag
Hade glömt att personalen redan var uppsagd och tryckte själv in knappen för den tillfälliga automatiska uppspelningen
Jag hörde annonseringen, gjorde mig redo och klafsade ut till mitten
Manegen var lite hafsigt iordningsställd men fungerade och de näst intill fullsatta läktarna verkade hålla för den jublande och applåderande publiken, denna slutliga föreställning

- Aldrig mer clown, tänkte jag, medan jag satte igång med mina allra sista krumbukter och spektakel

Och det förbjudna

Jag öppnade dokumentet och läste kapitelrubrikerna
De täckte alla tänkbara områden, men inte alla de
möjliga
Skummade flyktigt igenom texterna
Hade för ett tag sedan redan börjat ana deras innehåll
Det var därför jag hade bett dem lägga fram sitt anbud
för min fortsatta placering innan den automatiskt
förlängdes

Att det var horribelt förstod jag inte förrän då
Att det var förnedrande och kränkande inte förrän
senare
Jag tackade givetvis nej, enbart på grund av en impuls
och att jag kunde, inte för att det var det enda rätta
utifrån livets perspektiv
Kände medlidande med alla de andra som blev fortsatt
fast

Naturligtvis blev jag strax utslängd
Men hade allt och det förbjudna framför mig

53

En helt vanlig dag

Det var en sådan där dag då jag behövde en massa
kramar
Men jag fann inga i min närhet

Det var en sådan där dag då jag behövde känna min
existens bekräftad
Men det fanns inga runt om

Egentligen en helt vanlig dag

Det gick ju då som det gick där jag ignorerad smög mig
runt muren, i försök att undvika upptäckt
Jag nådde mitt gömsle, tog på mig en av de striktare
utstyrslarna, klev upp till porten och klappade på
Den gled upp och jag klev in

Kände inte igen min röst eller någonting av det jag sa,
när jag öppnade munnen

Egentligen en helt vanlig dag

Siktade om

- Jag hade visst siktat rätt, skrek jag ut lite för snabbt, kanske
Fast jag sket i det förmodade svaret

Mitt sikte har alltid varit bra, det visste jag, men vad jag skulle sikta på var kanske inte så uppenbarat klart
Fast jag anade egentligen var klagomålen kom ifrån och vad de ville dölja

Så jag siktade om

Nästa äventyr

Visserligen somnade jag ofta in i en skrämmande
värld men jag vaknade för det mesta upp i
äventyrets efterspel eller kanske mitt i
Men alltid full av ledtrådar och möjlig kunskap
Denna potens varade oftast till några ögonblick efter att
jag öppnade ögonen och blev rumplad av dagens
förbindelser och åligganden
Då var det redan för sent
Till eller för vad visste jag inte men hade det gällt
överlevnad så hade jag redan befunnit mig i paradiset,
men nu gällde det något annat
Det var det inställsamma krumbuktande spektakel som
skedde med öppnade ögon som skrämde bort mig
Alla och allt liv höll på med sånt
Även jag, men jag kunde och visste inget om det
Jag hörde kanske tydligen inte till det som kallas för liv,
definitivt inte till det som kallas för levande i alla fall

Vad för något var jag då?

Jag la mig ner och väntade
Denna gång förberedd

Nästa äventyr var strax på gång

Fortsättningen

Allt hände och skedde kunde man säga, och med sin
egen list och logik
Det kan nog verifieras, är jag säker på
Men vad av allt detta var beslut, speciellt mina,
funderade jag kanske inte så mycket på, men ibland i alla
fall

Fanns det några beslut egentligen eller var det bara
övertygat beredda yttranden i en slags
efterhandskonstruktion som baklänges försökte
tillförsäkra och beskriva världen i detta fall som beslutad
och klubbad, och för expediering
Det vet inte jag och det lät lite för krångligt
För allt som ägde rum och tilldrog sig hade givetvis hänt
och begivit sig, vid ett senare tillfälle beskrivet i alla fall
Men naturligtvis inte korrekt redogjort om det var av en
mänsklig hjärna
Det var ju klart

Ok
Allt hände och skedde
Men jag stod där då fumlandes ensam
För att besluta om fortsättningen

Det vi behöver

Visst kan det vara så att man tror att man förändrar
något om man gör det ellet det andra eller just det där
eller just inget alls, kanske
Så kan det vara förstås, men jag tvivlar på det, speciellt
om det var uttänkt och planerat
Men grattis om så är fallet, verkligen
:)
Jag blir bara glad av det
Du kan kanske sluta läsa här då
Eller verkligen fortsätta
Det vet inte jag

Men vi övriga får fortsätta
"Läsa här" skrev jag till de andra, här ovan
Men jag menar bara att vi övriga får fortsätta ...
Försöka förändra,
Till det vi behöver

Nyfiket, obstruktiv och ärlig

Ärligt talat så tror jag inte

Men inte på det du tror nu att jag skriver om

Jag tror inte på det som står på internet heller, eller
annat

Men i alla fall skall sanningen uppenbaras, står det säkert
någonstans
Fast gör det eller kommer det?
Det gör det och kommer säkert, fast jag skiter i vad som
står skrivet
En text kan vem som helst formulera
Och det har många gjort minsann, väldigt väldigt många
Till och med slumpen kan trycka ner tangenterna i rätt
ordning, bara tid medges

Jag hade själv skrivit det
Om sanningens uppenbarelse, i min egen
uppenbarelsebok, drömbok eller nyfikenhetsbok eller ...,
om jag fick chansen

Ärligt talat så vet jag inte heller

Tro, veta och sanning

Det enda jag kan säga är att dessa begrepp bör man
förhålla sig nyfiket, obstruktiv och ärlig till och inför

Långt ner

Det var brant, helt runt om
Fukten här nere gjorde väggarna helt slippriga och det
var helt omöjligt att få fäste för klättring
Men jag var van att befinna mig här nere och ritualen jag
hade utvecklat satt i ryggmärgen så jag behövde inte ens
tänka
Jag intog position, avvaktade och väntade ett slag
Regnet började strax strila ner
Bottnen började långsamt fyllas
Kanske det skulle gå fortare denna gång att nå marknivå,
hann jag tänka innan ritualen ockuperade mig totalt

Och steg

Var gränsen gick visste jag, trodde jag
Den mellan mig och alltet
Den som gjorde att allt blev till egentligen

Men jag undvek denna gräns

Så vandrade jag
Befann mig varken här eller där, då eller sedan, nära eller
långt borta, utan i ett slags berättelselöst varande utan
tid och riktning

Detta obeskrivbara varande tycktes märkligt nog minska
i omfång trots sin gränslöshet
Mindre och mindre, smalare och smalare
Till slut till min förtvivlan började riktningar att
uppenbaras vilket gjorde mig medveten om att nästa
steg jag än tog så var det i riktning mot något
Snart var det också så ihopträngt att jag nuddade vid
något som kunde kallas en gräns

Jag stannade till och nu var det så smalt och litet att ett
steg till medförde att jag skulle korsa denna gräns
Jag suckade till djupt inombords och hörde förvånat mig
själv säga

- Äntligen!

Och steg

Min egen natt och dag

Världen låg helt mörk framför mig
Det var ju väntat

Ljuset såg mig inte som vän
Den skydde och avstötte mig och visade det alltför väl

Mörkret var heller inte min vän, den gillade inte ljusets
avfällingar
Den ville själv förmörka, inte ta hand om kättare från
andra sidan

Jag sket egentligen i vilket
Dom fick träta över mig som de ville

Kunde säkert fixa min egen natt och dag

Allt jag behövde

Hade testat på det
Lite för enkelt sagt, kanske, eftersom det var livet det
handlade om
Och det var allt jag behövde egentligen, fast på riktigt

Men stjärnorna sa något annat eller var det underjordens
avspegling som förledde mig
Jag trodde nu inte på sådant slags struntsvammel
Det var annat som höll mig kvar i stupstocken, fast inte
det uppenbara

Minnet av doften höll dock något dolt levande
Doften av allt jag behövde

Annan vinkel

Hade ingen glädje av att veta allt jag visste då
Det gjorde bara historien ännu mer tragisk

Min utgångspunkt klingade ungefär så där
En tuff vinkel, en förbannat tuff vinkel att betrakta ur

Jag var där ibland och tittade
Sprang snabbt tillbaka, jävligt snabbt

Men tänkte att att det var bara en vinkel
Var fanns den andra, eller fanns det ännu fler?

Jag testade att vinkla startblocken lite åt sidledes, så att
riktningen för löpet skulle bli annorlunda
Blev lite knepig löpning, antingen ut på fotbollsplanen
eller upp på läktaren och inte så snabb

Fast både där och där borta blev ju vinkeln annorlunda

Det som kunde fly

Dom hade trängt in och naglat fast min uppmärksamhet
fullständigt
Det fanns ingen chans för mitt sinne att ändra på det
och inte heller uppfatta det
Organismen följde snabbt alla de intränade
instruktionerna medan den omgärdande taggtråden tog
sin uppgift på stort allvar

Min sargade kropp fogade sig strax, herrelöst och
krampaktigt, medan drömmen sakta sipprade ut genom
de uppslitna såren
Jag hade redan flytt för en bra stund sedan
Det som kunde fly

Och världen vred sig

Jag var alltid duktigt beredd när det gällde det snabba
och akuta, men aldrig på det långsamma och vardagliga
I min ständiga beredskap existerade inte en vanlig dag,
med alla de andra
Mitt rappa sinne var totalt inställd på oberäkneliga faror
och hot, ju
Från utsidan

Det långsamma fångade dock in mig
Emellanåt

Upptäckte vid ett sådant tillfälle att det mesta jag
vaktade på och försökte undvika kom från insidan
De lurades bara att ockupera formerna där ute och
orättvist dölja dessas individuella egenheter

Sömnlösa nätter blev mardrömsfyllda nätter
Det långsamma blev det akuta
Det snabba det stilla

Och världen vred sig

Kunde ha makten

Hade bara en dimmig och oklar bild av vad eller vem det var som hade avgörandet i sin myndighet eller tog sig makt att ha det

Jag anade en del av de intrikata mönster och linjer som inte syntes men märktes, likt rummets gravitationsfält, och som verkade följa något slag av princip, ofta inte ledandes någon vart utan skapandes ett slags konstlat stiltje som i ett försök att underhålla en fiktiv balans, oroväckande synkroniserad med det runt om - och vanan

Vad det var för rörelser och krafter bakom alla dessa till synes komplicerade konstellationer verkade svårupptäckbara - men egentligen självklara
Så lätt var det dock inte
Den kunskapen var hyfsat lättåtkomlig medan insikten svårsedd

Men jag anade till slut, i alla fall, vem som kunde ha makten över avgörandet

Öppnare ögon

Jag anade att jag alltid skulle fortsätta med att halka ner i
de där groparna, vandra in i de otaliga labyrinterna,
klafsa runt i träsken och allt annat jag haft för mig för
att rädda mig och skydda mig tillfälligt från det som
hände
Speciellt inom mig

Men det skrämde mig inte längre

Allting såg likadant ut och alla var likadana som förut,
var den första tanken som visade sig
Men anade att det berodde på mitt sätt att se
Ingenting var ju sig likt
Allting var lika annorlunda
Sinnet ville bara behålla allt likt för att kunna känna
stabilitet och förutsägbarhet
Det är väl förståeligt och bra men så fort någonting tas
för givet riskerar allt att förfalla till en förödande felhet

Jag klev vidare med öppnare ögon

Ett pris

Att ta de där stegen kunde jag
Men inte alltid när jag behövde det
Helt själv

Det var ju egentligen bara att ta dem
Som man gjorde som nybörjare
Låta naturens drivkrafter gälla och råda
Så enkelt är det
Men så komplicerat blir det
Eller görs

Det är väl ett pris vi får betala

För ögonblicket

Vet inte om de var ämnade för mig
De trängde i alla fall in i kroppen på lagom avstånd
Flera gick rakt igenom, vilket vållade mindre skada
Värre var det med splittret
Granaterna hade sämre direktprecision men skärvorna,
däremot, de ettrade sig flockvis in
Inte så bra

Jag befann mig likväl, och kvar
Inget undgick att existera, ändå, vilket jag ej längre
undkom
Jag såg nu ibland det mina ögon var riktade mot, inte
bara allt annat
Betraktade för tillfället det som fanns
Även det icke uppenbara tog och fick sin plats
Det räckte för ögonblicket

Runt om

Runt om

       Allt

                Som fanns

       Fanns

För mig

       Runt om

                Mitt runt om

       Som fanns

Runt om

       Hade jag

                Runt om

       Mig

Annat

       Ej fanns

                För

       Runt om

Fanns allt

Helt fel och helt rätt

Allt pekade åt det hållet

Det stora, det hela, riktade all sin kraft på att få mig åt
det hållet
Det gav dock mindre liv än det tog
Jag stod där i mitt men kunde inte ta in någonting
Det mesta var egentligen bara dimridåer, självskapta
vilseledanden
Så jag begav mig
Ja, inte ditåt

Utan helt fel och helt rätt

Går bara dit

Jag litar inte på något
Mina sinnen försöker delge
Inte på något
Som företer sig i mitt huvud

Det mesta förblir avbilder av forna landskap
Stelnade avgjutningar av passerade episoder
Förlegade kopior av missvisande tolkningar
Det verkliga är i bästa fall en illusion
Om det ens existerar

Det enda bevis på någots existens är min kropp
Mina armar, händer, bål, ben, fötter
Dess konstruktion utmejslad under årmiljoner
Perfekt anpassad för det den behöver göra
Förbindelserna ut ur illusionen är dock kidnappad
Ut till det verkliga
Om det ens existerar

Jag litar inte på något
Inte på något

Jag går bara dit
Dit mina ben och fötter beger sig

Det som visade sig

Jag hade återupptagit mitt huggande och skrapande
Stenen var visserligen partivis alltför hård för det
I alla fall för mina amatörmässiga försök
Men det var mitt val att fortsätta, oavsett

Jag hade instruktionerna men inte visionen
Inte den klara bilden
Men det räckte ett tag, anade jag

Jag låg ner efter det var klart
Och det uppenbarade sig
Inte det jag såg
Utan det som visade sig

Ritual

Kan ju bara buga mig
Min ikon står där, framför, ännu, nu
Min egen liturgi förkroppsligas live, nu
Chansen, möjligheten finns, fortfarande
Till ett nytt förevigande

Ritualer, skumma ting men fasta punkter
Vidriga ofta
Förljugna för det mesta
Men så nödvändiga

En ny sådan är ju alltid en början och förändrande och
kanske grundläggande ur ett nytt perspektiv
Förstelnandet griper dock alltid tag, men döljs i euforin

Så verkar det se ut

Skuggan

Världen låg i skugga
Beskenad endast av en forn nyans
Jag marscherade taktfast längs de
upptrampade stråten
Grå och reflexlös

Nådde aldrig dit bort, där det sades glimra
Bortanför skuggans kant
Där andra stigar kanske fanns, där jag kunde bli upplyst
Eller till och med få lysa upp själv en stund

Såg inte att skuggan var min
Skuggan var jag
Det var jag som dolde världen
Dolde världen för mig

Jag stod ju med ryggen mot

Det vill jag se

Det var väldigt märkliga vyer och utsikter jag såg

Samtidigt lika fascinerat fängslande och
nyfikenhetspirrande som nyansfyllt känsloeggande

Tornets rundade form gjorde att det hela runtom kunde
skådas och etagen placerade på perfekta avstånd från
varandra nåddes smidigt med spiraltrappan som ledde
ända upp

Från mittenetagerna kunde man se och ana väldigt långt,
nästan framåt i tiden, sades det

Och ännu högre upp ryktades det, lite tyst förstås, att
andra torn kunde skönjas

Detta trodde jag naturligtvis inte på, men jag hade aldrig
varit så högt upp

Denna gång, inte bara tillfreds med att vara utsläppt en
längre stund utan nästan saligt fylld av intryck och
tankar, lommade jag tillbaka till cellen

Andra torn, tänke jag
Finns sådana?

Det vill jag se

Främling

Befann mig som främling

Inte alls så annorlunda, nästan avkopplande och lugnt
Ett tag i alla fall
Men allt var prydligt upphängt och ställt i ordning
För beskådande
Vet inte om de såg något, de verkade bara titta

Stod där fortfarande som en främling

Lyssnandes

Ekot eller ska jag säga ekona brukade avslöja inte bara
rummets direkta omfång men också dess förgreningars
utbredning och utsträckning
Ja, jag hade vid de åtskilliga tidigare tillfällena tillägnat
mig en hyfsad färdighet att bedöma och uppfatta ett
utrymmes karaktär genom att enbart lyssna på dess
hanterande av och gensvar på tryckvariationer i mediet
som för tillfället fyllde rummet

Denna gång slog porten igen märkligt resolut
Mörker - men alldeles strax fick jag en uppenbarelse av
storlek och omfattning av det jag nu befann mig i
Eller - ja - jo, fast detta rums utsträckningen verkade
sträcka sig ovanligt djupt ner och ovanligt högt upp,
nästan utanför min föreställningsförmåga
Och förgreningarna verkade otaliga

Jag lät allt klinga ut och knäppte med fingrarna
Samma bild uppenbarade sig
Jag avvaktade en stund
Begav mig av

Lyssnandes

Och väntade

Diset tjocknade till och vällde långsamt in över mig
Det gjorde inget
Befann mig själv i ett dåsigt smådimmigt tillstånd
Kunde inte skilja detta från foggen utifrån

Jag noterade slött i alla fall att dimman inte var döljande
utan mer av det framlockande slaget. Det som fanns
runt om och inom lockades och bjöds att komma
närmare utan att riskera att bli upptäckt

Jag var natuligtvis fullständigt utlämnad och oförmögen
till försvar
Men det spelade nu ingen roll längre
Dom lekarna var överspelade

Ja, där befann jag mig
Och väntade

Lite längre bort

Kraften som tryckte mig tillbaka verkade öka ju högre
upp jag befann mig
Varje steg upp drog mig mer ner
Det var som om ett gigantiskt gummiband testade sin
kapacitet på mig, vars nedre ända var ringlad runt
tornets markfäste och övre ända virad i knut runt min
midja
Trodde att det skulle vara tvärtom med detta, fast
svårare med andningen förstås

Det tog mig åtskilliga försök att komma upp på första
plan, marknivå, men sikten ut därifrån var ju ingen
speciell och ytterligt begränsad
Min styrka växte dock för varje steg upp jag kom men
det gjorde motståndets också

Jag begav mig ner till grottorna för behövlig vila
Tänkte i morgon försöka ta mig upp ytterligare ett plan
och kanske få en utblick över vad som egentligen fanns
lite längre bort

Där inne

Hunger kände jag aldrig - där inne
Bleka rutiner med vaga ledtrådar höll mig gående
För stående ville jag aldrig mer bli

Så klart hade ljusets fluktuerande sin roll
En ganska viktig en - där inne
Fast det styrdes av något helt annat

Ensidighet var dagars stoff
Hade trott det skulle vara minst tvåsidigt, eller tre
Men, så var det inte - där inne

Hela tiden fattades en del eller ganska mycket
Vad, vet inte jag
Jag var ju där inne

Dit den behagade

Jag följde bara med denna gång
Kroppen fick gå dit den behagade

Hade gjort tvärtom förut, ungefär
Låtit tanken fara mig dit den behagade
Men oftast lite för bort och åt andra håll
Med det kom jag egentligen ingen vart
Kanske det var en slags förövning för den dag båda
behagade åt samma håll och samtidigt

Men som sagt - jag följde bara med
Rädd förstås, noterandes ivrigt vad som hände och
skedde utan att lägga mig i
Inte lätt naturligtvis
Den behagade väldigt mycket - väldigt

Efterarbetet blev omfattande men slutfördes
Analysen och slutsatserna pekade på en fortsättning

Ja, jag följde bara med denna gång
Dit den behagade

Förblev dolda

Det inre hotet förbyttes snabbt till ett yttre
En lättnad for genom min kropp
Hoten utifrån var alltid lätta att värja sig emot
Var i princip mästerlig på att hantera dem oavsett hur de
såg ut

Var inte säker på vad mina sinnen hade uppfattat denna
gång
Men de var duktigt inställda på att scanna av och notera
varje tänkbar fara
Det kanske var just på grund av det - tänkbar - av mig,
mitt forna jag - som det inre beblandades med det yttre
och de riktiga hoten förblev dolda

Nytt partitur

Plötsligt brast det
Fullständigt

Balansen rubbades totalt
Var tvungen att hejda mig
Såg och hörde alla de andra fortsätta
Detta hände andra dagen i rad
Hade aldrig hänt tidigare, bara när jag framkallat det
själv

Inget är ju starkare än sin svagaste punkt, säger klyschan
Och ja, ja, visst hade jag kunnat förutse detta, så som jag
höll på
Spänt hade det ju varit hela tiden
Och jag hade pressat det till max
Nog om det

Fick starta om allt från början
Inte bara spänna om mina lyror på nytt
Utan utveckla förfaringssättet och trakteringen
Och med nytt partitur

Ett från kvar

Utsikten var total
Skogarna, bergen, floderna, sjöarna
Med rätt hantering av prismorna kunde jag till
och med ana land på andra sidan havet
bortanför slättlandet. De avlägsna och vita
bergstopparna gnistrade de vackra dagarna
Men de var få

Jag hade visserligen funnit mig tillrätta men det var bara
tänkt att vara kortvarigt
En tillfällig avskildhet för överblick och kanske inblick
Där *till något* blev nästa riktning
Inte en konstant flykt
Där *från allt* var rådande

Nu kom jag ändå ingen vart
Trappan ner var halvt igenväxt och hade i det närmaste
raserat. Och järnporten vid tornets fot hade rostat fast
Det kanske ändå fanns en chans att ta sig ut, via
kloaksystemet som ledde in under berget. Men vart det
sedan ledde hade jag ingen aning om

Beredde mig för min sista utblick
Såg alla de platser jag ville till
Nu hade jag bara *ett från kvar*

Mot något

Jag föll och föll, mot något.
Antog jag
Det måste ha varit så

Tidigare hade jag kretsat runt, fallit runt, runt i en evig
bana med konstant avstånd till, ja till allt
Men nu föll jag på riktigt, mot något
Vad vet jag inte

Förbannelsen var bruten
Jag föll
Mot något

1000 kramar och en vän

Var det jag åtminstone behövde
Men kanske det skulle vara *eller* istället
Ja, *antingen eller* hade funkat men *både och* hade varit
bättre
Men varken eller blev det

Det blev ju då ganska grunt och lågt och instängt
Fast framför allt främmande och öde
Ja, 1000 kramar och en vän.
Hade jag behövt
Minst

Ett evigt skådespel

Fick intrycket att de inte riktigt gillade vad de höll på
med, längre
I alla fall inte denna uppsättning, vilken hade pågått ett
tag
De började allt oftare glömma repliker och steg
Själv var jag egentligen otroligt less
Och till slut gav dom sig iväg, en efter en efter en

Audition hölls, rollerna besattes och repetitionerna
slutfördes

Premiär
Och fullsatt
Det brukade alla premiärerna vara
Kanske för förhoppningar om ett nytt drama
eller ett annat skådespel
Men det var det aldrig
Jo, scenografin ändrades något och stegen och uttrycken
skiljde sig åt från uppsättning till uppsättning
Men replikerna var desamma

Jag lommade iväg till min lucka
För länge sedan hjärntvättad
Som sufflör i mitt eviga skådespel